BEI GRIN MACHT SICH IHR WISSEN BEZAHLT

- Wir veröffentlichen Ihre Hausarbeit,
  Bachelor- und Masterarbeit

- Ihr eigenes eBook und Buch -
  weltweit in allen wichtigen Shops

- Verdienen Sie an jedem Verkauf

Jetzt bei www.GRIN.com hochladen und kostenlos publizieren

Stress, Verkäufer-Käufer-Interaktion und Organisationsentwicklung. Erklärungen und Veranschaulichungen durch Beispiele

Andrea Eva Blum

GRIN

Bibliografische Information der Deutschen Nationalbibliothek:

Die Deutsche Nationalbibliothek verzeichnet diese Publikation in der Deutschen Nationalbibliografie; detaillierte bibliografische Daten sind im Internet über http://dnb.d-nb.de abrufbar.

ISBN: 9783346774965
Dieses Buch ist auch als E-Book erhältlich.

Druck und Bindung: Books on Demand GmbH, Norderstedt Germany
Gedruckt auf säurefreiem Papier aus verantwortungsvollen Quellen

Das vorliegende Werk wurde sorgfältig erarbeitet. Dennoch übernehmen Autoren und Verlag für die Richtigkeit von Angaben, Hinweisen, Links und Ratschlägen sowie eventuelle Druckfehler keine Haftung.

Das Buch bei GRIN: https://www.grin.com/document/1303449

Wirtschaftspsychologie

1 Gesundheits- und Arbeitspsychologie

2 Markt- und Werbepsychologie

3 Personal- und Organisationspsychologie

Studiengang:

Wirtschaftspsychologie (B. Sc.)

SRH Fernhochschule Riedlingen

Verfasserin:

Andrea Eva Blum

Aktualität: 07.10.2022

Inhaltsverzeichnis

Abkürzungsverzeichnis

Anm.	Anmerkung
Aufl.	Auflage
CEO	Chief Executive Officer
d.	der
et al.	und andere
Hrsg.	Herausgeber
OE	Organisationsentwicklung
PDF	Portable Document Format
QM	Qualitätsmanagement
resp.	respektive
S.	Seite
u. a.	unter anderem
vgl.	vergleiche
vgl. Anl.	vergleiche Anlage
z. B.	zum Beispiel

4

Anlagenverzeichnis

1 Gesundheits- und Arbeitspsychologie

1.1 Stress und seine Definition

Im Allgemeinen werden ‚Belastung' und ‚Beanspruchung' umgangssprachlich oft mit der Bezeichnung ‚Stress' zusammengefasst.

Im Gabler Wirtschaftslexikon wird der Begriff ‚Belastung' als objektive, von der Umwelt auf Menschen einwirkende Faktoren definiert. Der Begriff ‚Beanspruchung' (physischer sowie psychischer Natur) hingegen meint die subjektiven Folgen auf eine jeweilige Belastung.[1]

Stress kann sofort physisch spürbare Konsequenzen wie beispielsweise Ermüdung und eine hohe Cortisolausschüttung[2] haben und Langzeitfolgen nach sich ziehen. „Ist der Cortisolspiegel immer erhöht, kann sich die Muskulatur nicht (mehr *Anm. d. Verfasserin*) aufbauen. (Ebenfalls hemmt *Anm. d. Verfasserin*) Cortisol [...] die Serotoninbildung[3] [...]".[4] Zudem hat es die Aufgabe, die Energieversorgung des Gehirns sicherzustellen. Dies wird dadurch erreicht, dass der Fett- und vor allem der Blutzuckerspiegel ansteigen: Die Energiereserven werden mobilisiert.

Als weiterer Effekt setzt der Körper Adrenalin frei, das den Blutdruck ansteigen lässt und die Verdauung sowie die Fortpflanzung durch die Hemmung der Sexualfunktion unterdrückt. Folglich wird der Körper auf Kampf oder Flucht eingestellt und sämtliche nicht unmittelbar überlebenswichtigen Körperfunktionen werden reduziert oder eingestellt.[5] Die physischen Auswirkungen gehen unbehandelt, mit psychischen Folgen, wie Niedergeschlagenheit, Depressionen, aber auch Panikattacken einher, die u. a. der verminderten Serotoninbildung zuzuschreiben sind.[6]

Innerhalb der Forschung werden ‚Belastung' und ‚Beanspruchung' konzeptionell getrennt,[7] sodass die Forschung nicht auf praktischen Experimenten basiert, sondern jeweils themenspezifisch auf der Analyse von bereits verfügbaren Informationen.[8]

Aber nicht nur im Alltag, sondern auch in der Fachwelt herrscht Uneinigkeit in der Definition von ‚Stress'. Die Autoren Bareiss, Meister und Merk bestätigen, dass „[...] (sich

---

[1] Vgl. *Gabler Wirtschaftslexikon* 2022a (24.09.2022).
[2] Vgl. *Zentrum der Gesundheit* 2022 (25.09.2022).
[3] Vgl. *Gesundheit* 2022 (25.09.2022): Serotonin (neben Dopamin und Noradrenalin) ist bekannt als sogenanntes Glückshormon. Ein tiefer Serotoninspiegel hat folglich einen starken Einfluss auf den Stimmungszustand.
[4] *Zentrum der Gesundheit* 2022 (25.09.2022).
[5] Vgl. *Stresszentrum Trier* 2022 (27.09.2022).
[6] Vgl. *Zentrum der Gesundheit* 2022 (25.09.2022).
[7] Vgl. *Wiese/Stertz* (2019), S. 21.
[8] Vgl. *Voxco* 2022 (24.09.2022).

eine *Anm. d. Verfasserin*) Uneinheitlichkeit im Grundverständnis [...] ebenso in der Fachwelt wieder (-findet *Anm. d. Verfasserin*), da der Begriff Stress je nach Disziplin eine andere Verwendung erfährt".[9] In der Fachwelt der Psychologie hingegen lassen sich drei zentrale Stresskonzeptionen erkennen.[10]

Eberhard und Wülser erwähnen die Unterscheidung zwischen drei Grundmodellen (Stresskonzeptionen): dem reizorientierten (nach Bareiss et al. der situationsbezogenen Stresskonzeption[11]), dem reaktionsorientierten und dem transaktionalen Grundmodell[12] (nach Bareiss et al. der relationalen[13] Stresskonzeption[14]), auf die in Kapitel 1.2 näher eingegangen wird.[15]

1.2 Die zentralen Stresskonzeptionen der Psychologie

1. Die reaktionsbezogene Stresskonzeption
Nach dieser Konzeption sind die Reaktionen rein physiologischer Natur. Das bedeutet, dass der Körper auf diese Art von Stress objektiv messbare Reaktionen und mögliche Kausalfolgen zeigt, die bereits in Kapitel 1.1 umschrieben wurden.[16]

Bei dieser Konzeption werden in der Psychologie ausschliesslich die körperlichen Folgen fokussiert und nicht die möglichen Reaktionen aufgrund von Stressoren resp. Reizen aus der Umwelt sowie die Bewertung der Situation und mögliche Bewältigungsstrategien durch die Person selbst werden nicht berücksichtigt.

2. Die situationsbezogene Stresskonzeption
Nach dieser Auffassung untersteht Stress immer situativen (aus der Umwelt stammenden) Auslösern, sogenannten Stressoren. Diese können ihre Gründe in veränderten Lebens- und/oder Arbeitssituationen haben – je nach dem können diese mehr oder auch weniger tiefgreifend sein. Bis hin, dass die Person sich davon gestresst

---

[9] *Bareiss et al.* (2013a), S. 66, PDF.
[10] Vgl. *Bareiss et al.* (2013a), S. 66, PDF.
[11] Vgl. *Bareiss et al.* (2013a), S. 67, PDF.
[12] Vgl. *Duden* 2022b (27.09.2022): Bedeutung des Substantivs ‚Transaktion' in der Psychologie; *in wechselseitiger Beziehung stehend.*
[13] Vgl. *Duden* 2022a (27.09.2022): Bedeutung des Adjektivs ‚relational'; *in Beziehung stehend, eine Beziehung darstellend.*
[14] Vgl. *Bareiss et al.* (2013a), S. 67, PDF.
[15] Vgl. *Eberhard/Wülser* (2015), S. 62.
[16] Vgl. *Bareiss et al.* (2013a), S. 66, PDF.

fühlt, die privaten E-Mails zu prüfen und zu beantworten. Bei dieser Art von Stress geht es um die Reaktion auf Stressoren aus der Umwelt.[17]

Bei dieser Konzeption wird Stress in der Psychologie nur als Reaktion auf mögliche Stressoren resp. Reize aus der Umwelt verstanden. Physische und/oder psychische Folgen sowie die Bewertung der Situation und mögliche Bewältigungsstrategien durch die Person selbst werden nicht berücksichtigt.

3. Relationale Stresskonzeption

Diese Art von Stress entsteht aufgrund subjektiver Betrachtung der eigenen Umwelt. Folglich stellt er eine persönliche Wahrnehmung dar. Die Wechselwirkung von Person und Situation lässt sich auf Basis individueller Bewertungs- und Bewältigungsprozesse erklären. Stress wird dabei als ein subjektiv unangenehm empfundener Spannungszustand verstanden.[18]

Bei dieser Konzeption werden allumfassend mögliche körperliche Folgen sowie Reaktionen auf potenzielle Stressoren resp. Reize aus der Umwelt betrachtet. Ausserdem findet eine Bewertung der Situation statt und individuelle Bewältigungsstrategien werden berücksichtigt. Dabei wird die Person selbst dazu angehalten, sich mit sämtlichen Faktoren auseinanderzusetzen und sie zu reflektieren. „[...] (Beim relationalen Ansatz Anm. d. Verfasserin) schließlich steht die Transaktion zwischen Mensch und Situation im Vordergrund. [...] (Dabei Anm. d. Verfasserin) spielen individuelle Bewertungsprozesse sowie Rückkopplungsprozesse eine zentrale Rolle".[19]

Ein Modell, das diese wechselseitige Beziehung oder die Transaktion (die Zusammenhänge/die Relationen) zwischen dem Menschen und der jeweiligen Situation ins Zentrum stellt, ist das Transaktionale Stressmodell von Lazarus[20] (vgl. Kap. 1.3). Dieses Modell wird aufgrund der ganzheitlichen Betrachtung von Mensch, Situation und Bewältigungsstrategie auch kognitives Stressmodell genannt.[21]

---

[17] Vgl. *Bareiss et al.* (2013a), S. 66-67, PDF.
[18] Vgl. *Bareiss et al.* (2013a), S. 67, PDF.
[19] *Eberhard/Wülser* (2015), S. 62.
[20] Vgl. *Dorsch Lexikon der Psychologie* 2022a (27.09.2022): Lazarus, Richard S. (1922–2002) war ein bedeutender U.S. Psychologe.
[21] Vgl. *Eberhard/Wülser* (2015), S. 62.

1.3 Die Merkmale des Transaktionalen Stressmodells anhand eines Beispiels

In diesem Modell wird Stress nicht einseitig betrachtet, sondern ganzheitlich beleuchtet, und die wechselseitige Beziehung zwischen dem Menschen und einer jeweiligen Situation wird berücksichtigt.

Markant sticht heraus, dass der Mensch in die Selbstverantwortlichkeit genommen wird, indem er sich mit sich selbst, seiner Situation, mit den möglichen Stressoren sowie den Reaktionen darauf und mit seinen eigenen Bewältigungsmöglichkeiten sowie seinem Verhalten auseinandersetzt. Nachdem er seine Situation justiert hat, erfolgt eine Neubewertung. Zusammengefasst geht es „dabei [...] um die Optimierung individueller Bewertungsprozesse (z. B. eine Fokussierung auf die eigenen Bewältigungsmöglichkeiten) und den Aufbau von günstigen Bewältigungsstrategien".[22] Grundlegend ist bei diesem Modell, dass der Mensch selbst ins Zentrum gestellt wird.[23]

Die Anwendung des Transaktionalen Stressmodells (vgl. Anl. 1) wird am nachfolgenden Beispiel eines Angestellten, dem durch seinen Vorgesetzten Mobbing[24] (potenzieller Stressor) widerfährt, veranschaulicht:
Der Angestellte bewertet in einem ersten Schritt (primary appraisal), ob sich die Situation ‚Mobbing durch den Vorgesetzten' für sein Wohlbefinden positiv herausfordernd, irrelevant oder aber bedrohlich resp. Stress auslösend darstellt. Er kommt zu dem Ergebnis, dass diese Situation für ihn eine herausfordernde Bedrohung darstellt, an der er Schaden nehmen kann.

In einem weiteren Schritt (secondary appraisal) schätzt der Angestellte ab, ob er über allfällige eigene Bewältigungsstrategien verfügt, um so mit der Situation umgehen zu können, indem er beispielsweise das Gespräch mit dem Vorgesetzten sucht, falls dieses noch nicht erfolgt ist, oder über die Mobbingattacken hinwegsieht. Dies verneint er, zumal das Gespräch mit dem Vorgesetzten bereits erfolglos stattgefunden hat und sich die Situation danach noch verschärft hat. Das Mobbing werde gezielt und mit Absicht gegen ihn ausgeübt und er könne diese Einflüsse nicht selbst steuern.

Die Ergebnisse aus der primären sowie aus der sekundären Bewertung zeigen dem Angestellten auf, dass der Vorgesetzte, der zu Beginn der Bewertung als potenzieller

---

[22] *Wiese/Stertz* (2019), S. 22.
[23] Vgl. *Wiese/Stertz* (2019), S. 22.
[24] *Kauffeld/Ochmann/Hoppe* (2019), S. 313: „Von Mobbing spricht man, wenn eine Person am Arbeitsplatz häufig und über einen längeren Zeitraum von anderen Personen schikaniert, benachteiligt oder ausgegrenzt wird".

Stressor angesehen wurde, einen tatsächlich subjektiv wahrgenommenen äusseren Stressfaktor darstellt.

Dem Angestellten fallen seit einiger Zeit auch innere Stressfaktoren auf: Zum einen leidet er an Schlafstörungen, die zu den physischen Reaktionen gehören. Zum anderen bemerkt er auf Verhaltensebene einen sozialen Rückzug, der sich darin äussert, dass er sich im Team eher still verhält, an den Gesprächen nicht mehr teilnimmt und sich öfter krankschreiben lässt. Die emotionalen inneren Stressfaktoren zeigen sich in der Angst sowohl um seine Reputation als auch vor dem Verlust der Arbeitsstelle. In der letzten Zeit stellt er zudem vermehrt fest, dass er beispielsweise seine Tagesplanung nicht mehr leisten kann und er bei der ihm früher geläufigen Routinearbeit auf QM-Dokumente zurückgreifen muss, die die Arbeitsabläufe beschreiben. Dieses desorientierte Verhalten weist auf kognitive innere Stressfaktoren hin. Sein Bewältigungsverhalten (Coping) zeigt sich im Innen und im Aussen. Längerfristig kann der Angestellte ernsthaft physisch und psychisch erkranken, was beispielsweise eine Frühverrentung zur Folge hätte.

Im Prozess der Evaluation für eine konkrete Copingstrategie entscheidet sich der Angestellte für ein instrumentelles Bewältigungsverhalten, indem er seine Situation verändert: Er kündigt seine Stelle, nimmt therapeutische Hilfe in Anspruch und lernt dadurch, wieder Hilfe von seinem privaten Umfeld zuzulassen. Er möchte sich wieder seinen früheren Hobbies zuwenden und soziale Kontakte knüpfen. Erst wenn er physisch sowie psychisch auf dem Weg der Genesung ist, wird er sich auf die Suche nach an einer neuen Anstellung begeben.

Es erfolgt eine erneute Bewertung der Situation (reappraisal). Nachdem der Angestellte dem Mobbing am Arbeitsplatz durch die Wahl des instrumentellen Bewältigungsverhalten nicht mehr ausgesetzt ist und konsequent sein Ziel verfolgt hat, überprüft er seine aktuelle Situation noch einmal auf potenzielle Stressoren hin: Beim ersten Bewertungsschritt (primary appraisal) schätzt er die Lebensumstände in Bezug auf sein Wohlbefinden positiv ein. Ebenfalls positiv fällt die Beurteilung beim zweiten Bewertungsschritts (secondary appraisal) hinsichtlich möglicher Bewältigungsmöglichkeiten aus: Es besteht kein Bedrohungserleben mehr und folglich sind keine weiteren Anpassungen des Bewältigungsverhaltens mehr nötig.[25]

---

[25] Vgl. *Wiese/Stertz* (2019), S. 22.

2 Markt- und Werbepsychologie

2.1 Käufer-Verkäufer-Interaktion

„Wer etwas auf einem Markt anbieten möchte, ist meist nicht allein. Viele Märkte sind gesättigt, und die Angebote der Marktteilnehmer unterscheiden sich bezüglich Grundnutzen und Qualität kaum noch".[26]

Diese Aussage geht mit der Tatsache einher, dass Konsum nicht mehr dieselbe Funktion hat wie einst und sich Menschen nicht mehr lediglich mit der Beschaffung von Nahrung oder Kleidung zufriedenstellen lassen. Vielmehr dient Konsum heute dazu, sich einer Gruppe oder einer Gesellschaft zugehörig zu fühlen, und gleichermassen auch dazu, sich abzugrenzen, zu positionieren oder von der Gesellschaft abzuheben. Ebenfalls wird ein Produkt oder eine Dienstleistung nicht (mehr) lediglich über die Qualitäts- und Preismerkmale definiert, sondern vielmehr über Zusatzwerte.[27] „[...] (so hängt *Anm. d. Verfasserin)* der Verkaufserfolg nicht (mehr *Anm. d. Verfasserin*) lediglich vom eigentlichen Produkt [...] ab, sondern auch davon, wie es von den Konsumenten wahrgenommen wird".[28]

Begehrt und verkauft werden also Produkte und Dienstleistungen, die in erster Linie nicht mehr unbedingt zum Überleben notwendig sind. Verkauft werden stattdessen Zusatzwerte wie Emotionen. Es geht folglich u. a. um Kommunikation, Beeinflussung und Wahrnehmung, um gemeinsame Merkmale der Sympathie zwischen Verkäufer und Käufer, sodass dieser sich für ein bestimmtes Produkt oder eine Dienstleistung entscheidet.

Eine der wichtigsten Voraussetzungen einer erfolgreichen Käufer-Verkäufer-Interaktion ist die Sichtbarkeit des abzusetzenden Produkts oder der Dienstleistung auf der vordersten Verkaufsfront. Denn potenzielle Abnehmer können vom Anbieter nur über eine direkte Promotion resp. über eine direkte Kundenansprache am Markt beeinflusst werden.[29]

Dabei wird der Markt als „[...] ein Ort, (sei er *Anm. d. Verfasserin*) physisch oder virtuell, an dem sich Anbieter und Nachfrager treffen".[30] definiert.

---

[26] *Fichter/Ryf* (2018), S. 76.
[27] Vgl. *Fichter* (2018), S. 5.
[28] *Fichter* (2018), S. 5.
[29] Vgl. *Merk/Meister/Thunsdorff* (2015), S. 55, PDF.
[30] *Fichter/Ryf*/Basel (2018), S. 28.

2.1.1 Die Merkmale der Sympathie und die sechs Säulen der Beeinflussung

Je höher der Absatzerfolg des Verkäufers sein soll, desto essentieller sind seine Verkaufstechnik und folglich auch sein Wissen, wie die Konsumenten zu beeinflussen sind. Hierbei stellen die Merkmale der Sympathie und die verschiedenen Beeinflussungstechniken bedeutsame Instrumente dar, die nachfolgend kurz beschrieben werden.

Damit der Verkäufer diese jedoch auch erfolgreich einzusetzen vermag, ist das Grundlagenwissen über das Erleben und Verhalten des Menschen ein zentraler Faktor, denn je mehr er auf Kenntnisse in der Verkaufspsychologie zurückgreifen kann, desto wahrscheinlicher wird der Verkauf von Produkten und Dienstleistungen.

Die Chancen für einen Verkaufsabschluss erhöhen sich auch mit steigender Sympathie für den Verkäufer, sodass den folgenden Merkmalen der Sympathie[31] entscheidende Bedeutung zukommen kann:

1. Ähnlichkeit → meint, dass der Verkäufer beispielsweise über dieselbe Wertehaltung, dieselbe Einstellung, denselben Lebensstil, dasselbe Alter, denselben Berufsstatus, dasselbe Interessengebiet verfügt,

2. Nähe → meint, dass der Verkäufer beispielsweise dasselbe Hobby oder denselben Beruf ausübt,

3. Sozialer Austausch → meint, dass der Verkäufer innerhalb der sozialen Interaktion beispielsweise auch sich selbst zu offenbaren vermag,

4. Assoziationen mit positiven Dingen → meint, dass ein Kennenlernen unter positiven Umständen sympathischer wirkt als ein Kennenlernen unter negativen Umständen,

5. Physische Attraktivität → meint, dass der Verkäufer beispielsweise intelligent, kompetent, erfolgreich, freundlich und wortgewandt ist oder scheint, sowie

6. Sympathie → meint, dass der Verkäufer sympathisch wirkt, dem Käufer Sympathie entgegenbringt, sich dem Käufer gegenüber positiv äussert und persönliches Interesse an ihm signalisiert.

Die sechs Säulen der Beeinflussung basieren auf Werten, Einstellungen und Normen eines Menschen, aber auch auf dem von der Gesellschaft verspürten Druck, in einer erwartbaren Weise zu handeln:

1. Reziprozitätsprinzip: „Gefälligkeiten erzeugen den sozialen Druck, sich zu revanchieren".[32]

---

[31] Vgl. *Merk et al.* (2015), S. 58-60, PDF.
[32] *Merk et al.* (2015), S. 61, PDF.

2. Prinzip des Commitments: „[...] bedeutet hierbei einen Standpunkt zu beziehen bzw. einzunehmen oder sich (öffentlich) zu etwas bekennen. Sobald einmal eine Entscheidung getroffen oder ein Standpunkt eingenommen wurde, drängen [...] (den Käufer *Anm. d. Verfasserin*) daraufhin starke innere Kräfte dazu, [...] (sich *Anm. d. Verfasserin*) gemäß dieser Festlegung zu verhalten [...]".[33]

3. Prinzip der sozialen Bewährtheit: „Die meisten Menschen neigen zu Konformität. Ihr Handeln und Verhalten richtet sich stark nach dem Handeln und Verhalten der Mehrzahl anderer Personen [...]".[34]

4. Prinzip der Sympathie: „[...] (Es *Anm. d. Verfasserin*) gründet auf der Tatsache, dass sympathische Kommunikatoren (Verkäufer) es leichter haben, andere Menschen zu beeinflussen".[35]

5. Prinzip der Autorität: „[...] Ein größeres Vertrauen in [...] ein Verkaufsgespräch setzen (die Käufer dann *Anm. d. Verfasserin*), wenn sie den Eindruck vermittelt bekommen, es mit einem Experten [...] zu tun zu haben".[36]

6. Prinzip der Knappheit: „Leistungen, Produkte oder Objekte, die schwer erreichbar, knapp oder selten zu bekommen sind, werden meistens höher bewertet [...]".[37]

2.2 Verkaufstechniken

In den meisten Fällen kennt der Käufer das Produkt und dessen Eigenschaften nicht und wird diesbezüglich vom Verkäufer beraten. Im Prozess der Verkäufer-Käufer-Interaktion ist deshalb das Vertrauen stets schwergewichtig auf Seiten des Käufers, der sich daher zunächst auch misstrauisch und distanziert verhalten kann. Mit dem erfahrenen Misstrauen und der Distanz muss der Verkäufer umgehen können. Seine Aufgabe ist es, in solchen Situationen das Vertrauen zu gewinnen und Nähe zum Käufer zu schaffen. In Kapitel 2.1.1 wurden die Merkmale der Sympathie und die sechs Säulen der Beeinflussung beschrieben, die es dem Verkäufer grundsätzlich möglich machen, das Vertrauen des Kunden zu gewinnen und die Distanz abzubauen.[38]
Auf diesen Faktoren basieren die folgenden Verkaufstechniken.

---

[33] *Lajkonik Content* 2022 (30.09.2022).
[34] *Merk et al.* (2015), S. 62, PDF.
[35] *Merk et al.* (2015), S. 62, PDF.
[36] *Merk et al.* (2015), S. 62, PDF.
[37] *Merk et al.* (2015), S. 62, PDF.
[38] Vgl. *Merk et al.* (2015), S. 63, PDF.

2.2.1 That's-not-all-Technik

Diese Technik kann beispielsweise beim Verkauf von Gesichtspflegeprodukten eingesetzt werden: Während der Verhandlung über ein bestimmtes Produkt bietet der Verkäufer ein weiteres Produkt zum selben Preis (‚2 für 1') und/oder einen Preisnachlass auf das diskutierte Produkt an. Der Kunde fühlt sich so zur Gegenleistung verpflichtet, da er im bisherigen Verlauf noch keine Leistung (in Form eines Kaufs) erbracht hat und trotzdem ein gutes Angebot erhält. Der Verkäufer muss diese Technik anwenden, noch bevor der Käufer überhaupt die Möglichkeit hat, sich zu äussern, denn sonst wird der Käufer das Angebot des Verkäufers mit seinem ‚Verhandlungsgeschick' assoziieren und der Effekt der Gegenleistung findet nicht statt. Diese Technik basiert auf dem Reziprozitätsprinzip.[39]

2.2.2 Door-in-the-face-Technik

Diese ebenfalls auf dem Reziprozitätsprinzip basierende Technik kann beispielsweise bei der Akquise von Blutspendern eingesetzt werden: Der Verkäufer stellt zunächst eine grosse Bitte an den potenziellen Blutspender, wohl wissend, dass dieser ablehnen wird, da ihm beispielsweise der Aufwand zu hoch ist, über einen längeren Zeitraum hinweg regelmässig Blut zu spenden. Gleich im Anschluss wird der potenzielle Blutspender auf das eigentliche Anliegen angesprochen, das sich nicht mit der ersten Bitte vereinen lässt, beispielsweise gleich am nächsten Tag zum Blutspenden zu kommen. Dieser kleineren Bitte wird nun eher entsprochen. Würde das eigentliche Anliegen zuerst geäussert, so wäre die Wahrscheinlichkeit der Ablehnung grösser.[40]

2.2.3 Labelling

In diesem Beispiel wird Funktion des Labellings am Verkauf eines Recyclingsystems beschrieben: Bei dieser Technik werden dem Käufer Produkte oder Dienstleistungen verkauft, indem der Verkäufer mit ihm sympathisiert und positive Eigenschaften des Käufers betont, beispielsweise dass dieser ein vorbildliches umweltbewusstes Verhalten zeige. Obwohl dem Käufer in der Regel bewusst ist, dass es sich bloss um eine Verkaufstechnik handelt, zeigt die Realität, dass sie funktioniert. Denn der Käufer, der bereits als verantwortungsbewusst bezeichnet wurde, möchte dem Reziprozitätsprinzip entsprechend kein gegensätzliches Verhalten zeigen.[41]

---

[39] Vgl. *Merk et al.* (2015), S. 63, PDF.
[40] Vgl. *Merk et al.* (2015), S. 63, PDF.
[41] Vgl. *Merk et al.* (2015), S. 64, PDF.

2.2.4 Prompting

Bei dieser Technik geht es um einen sogenannten Zusatzverkauf. Sie wird beispielsweise beim Verkauf von Schuhen angewendet.

Beim Bezahlvorgang versucht der Verkäufer, dem Käufer zusätzlich ein Imprägnierspray zu verkaufen, indem er ihm die Vorteile dieser Pflege für die neuen Schuhe erklärt. Lehnt der Käufer ab, akzeptiert der Verkäufer dies nicht und setzt den Käufer unter Begründungszwang, warum er dieses Schuhpflegeprodukt nicht auch bei ihm kaufen möchte. Dabei appelliert der Verkäufer nach dem Prinzip des Commitments an das Vertrauen des Käufers ihm gegenüber.[42]

2.2.5 Foot-in-the-door-Technik

Bei dieser Technik wird zunächst ein kleinerer Wunsch an den Käufer gerichtet, bevor dieser der eigentlichen grossen Bitte zustimmen soll. So sind beispielsweise Eigenheimbesitzer eher bereit, ein Schild ,Tempolimit 30 km/h' in ihren Garten zu stellen, wenn sie bereits im Vorfeld damit einverstanden waren, ein sehr kleines Schild am Fenster auf der Vorderseite ihres Hauses anzubringen. Beim Aussprechen der grösseren Bitte ist es wichtig, dass der Verkäufer dem Käufer gegenüber betont, dass dieser aufgrund seiner Bereitschaft über ein sehr verantwortungsbewusstes Denken verfüge. Auch diese Technik folgt dem Prinzip des Commitments.[43]

2.2.6 Low-ball-Technik

Die Funktionsweise der Low-ball-Technik wird im Folgenden am Beispiel eines Mobilfunkvertrages beschrieben: Der Verkäufer macht den Käufer erst nach Vertragsabschluss und kurz vor dem Zahlvorgang darauf aufmerksam, dass der Preis, sollte das Abonnement im Laden abgeschlossen werden, nicht einem günstigeren Aktionspreis entspreche. Dieser gelte nur, wenn der Vertrag online abgeschlossen werde; ein Abschluss im Laden bedeute lediglich 20 % anstatt 30 % Rabatt. Die Realität zeigt, dass Produkte und Dienstleistungen aufgrund des Prinzips des Commitments in der Regel trotzdem gekauft werden.[44]

---

[42] Vgl. *Merk et al.* (2015), S. 64, PDF.
[43] Vgl. *Merk et al.* (2015), S. 65, PDF.
[44] Vgl. *Merk et al.* (2015), S. 65, PDF.

2.3 Praxisumsetzung der Technik ‚That's-not-all' unter Einflechtung von ‚Prompting'

Mit der Technik ‚That's-not-all' soll ein All-inclusive-Urlaub auf den Malediven verkauft werden. Noch während der Darlegung des Angebotes sollen die Mitarbeitenden betonen, dass der potenzielle Käufer einen Wasserflugtransfer zum Resort und zurück im Wert von 500 Euro pro Person gratis dazu erhält, falls er sich für die Buchung der Reise entscheidet.

An diese That's-not-all-Technik wird die Prompting-Technik angeschlossen: Nachdem der Käufer den Kauf der Reise zugesagt hat, soll er zusätzlich ein Ausflugspaket buchen. Dieses beinhaltet einen von einem Einheimischen geführten Tagesausflug auf eine lokale Insel, bestehend aus einem ganztägigen Schnorchel-Trip mit Walhaien und einem Lunch auf einer Sandbank. Falls der Kauf dieses Tagesausfluges abgelehnt wird, werden die Reiseberater den Käufer mit der Frage konfrontieren, ob er möglicherweise nicht darauf vertraue, dass der Tagesausflug das Malediven-Erlebnis komplettieren würde.

Der ‚Point of Sale'[45] ist der Messestand eines Reisebüros auf der alljährlichen Urlaubsmesse, das auf Reisen auf die Malediven spezialisiert ist. Mit seinem Point-of-Sale-Marketing sollen nicht nur bereits wissentlich bestehende, sondern auch zuvor noch nicht (bewusst) vorhandene Wünsche und Emotionen optisch geweckt und folglich verkauft werden.

Dies soll zum einen über Bild- und Videomaterial, das nicht nur eine visuelle, sondern auch eine auditive Beeinflussung ermöglicht, und zum anderen über kompetentes Personal erreicht werden. Denn am Stand arbeiten nur Reiseberater, die einerseits auf den Verkauf von Reisen auf die Malediven spezialisiert sind und über persönliche Kenntnisse und Erfahrungen verfügen und andererseits die Leidenschaft für diesen Inselstaat und dessen Natur und dessen Kultur tatsächlich auch vermitteln können. Sie können Verkaufsgespräche authentisch führen, eine Vertrauensbeziehung von Beginn an sukzessive aufbauen und kompetent zu einem erfolgreichen Verkaufsabschluss beitragen. So wird sichergestellt, dass bedeutende Voraussetzungen für eine erfolgreiche Käufer-Verkäufer-Interaktion, wie die Sichtbarkeit der abzusetzenden Dienstleistungen auf der vordersten Verkaufsfront, das Point-of-Sale-Marketing und das kompetente, authentische Personal, erfüllt werden, damit innerhalb der Verkaufsgespräche sämtlichen sechs Merkmalen der Sympathie sowie den sechs Säulen der Beeinflussung Rechnung getragen werden kann.

---

[45] Vgl. *Gabler Wirtschaftslexikon* 2022c (30.09.2022): Point of Sale (POS) ist der Ort des Verkaufs.

3 Personal- und Organisationspsychologie

3.1 Die Organisationsentwicklung und die Merkmale dieses partizipativen Konzepts

„(Die *Anm. d. Verfasserin*) Organisationsentwicklung (OE) als geplanter organisationaler Wandel versucht, durch geeignete Maßnahmen der Führung und der Kooperation die Effektivität der Abläufe in der Organisation zu sichern und [...]"[46] zugleich deren Lern- und Innovationsfähigkeit zum einen zu kräftigen und zum anderen zu stabilisieren.[47] Sie ist als eine bewusst gesteuerte Umgestaltung der Organisation zu verstehen – eine geplante, angestrebte Veränderung des Verhaltens, die auf einem partizipativen, demokratischen Konzept basiert, das Methoden zur Steuerung und zur Beeinflussung der Veränderung beinhaltet. Mit der OE sind eine bestimmte Denkweise sowie eine konkrete Haltung verbunden, durch die alle in einer Organisation tätigen Menschen beteiligt sind. Es geht also darum, Betroffene zu Beteiligten zu machen, die allesamt dasselbe Ziel verfolgen.[48]

Nachfolgend werden charakteristische Merkmale des partizipativen Konzepts beschrieben: Eine wichtige Eigenschaft der OE ist, dass nicht nur Prozesse und Systeme sowie einzelne Abteilungen, sondern parallel dazu die Kultur und die sozialen Strukturen einer Organisation langfristig und nachhaltig verändert werden sollen. Das heisst, die Veränderung findet über die gesamte Organisation hinweg statt und ist als fortlaufender, nicht endender Prozess zu verstehen. Das Ziel der OE liegt in der Befähigung der in der Organisation tätigen Menschen, Ziele effizient und erfolgsversprechend zu erreichen, um sich den stetig ändernden Rahmenbedingungen von Wirtschaft und Gesellschaft agil anpassen zu können und so das Bestehen der Organisation sicherzustellen. Des Weiteren wird mit der OE als partizipatives Konzept die Humanisierung der Arbeit angestrebt – es geht dabei um den Menschen, um soziale und individuelle Aspekte, die es Mitarbeitenden ermöglichen, sich zu entwickeln und sich selbst zu verwirklichen, sowie um die Verbesserung resp. die Anpassung von Arbeitsbedingungen. Zudem wird u. a. beabsichtigt, die Motivation, die Identifikation, den Zusammenhalt und die Zusammenarbeit sowie die Gesundheit der Mitarbeitenden zu stärken, um schlussendlich deren Leistungsfähigkeit zu gewährleisten.[49] In der Konklusion ist für das partizipative Konzept zentral, dass das Fundament einer erfolgreichen OE in der

---

[46] *Nerdinger/Blickle/Schaper* (2019), S. 189.
[47] Vgl. *Nerdinger/Blickle/Schaper* (2019), S. 189.
[48] Vgl. *Bareiss/Meister/Merk* (2013b), S. 70-71, PDF.
[49] Vgl. *Bareiss et al.* (2013b), S. 70-71, PDF.

positiven Organisationskultur liegt, was zu der provokativen Frage führt: „Erst Kultur und dann Erfolg"?[50]

3.2 Eine positive Organisationskultur als Fundament einer erfolgreichen Organisationsentwicklung

Gestützt auf den von Goffin angeführten repräsentativen Studien belegen die Ergebnisse einen signifikanten Zusammenhang zwischen Kultur und unternehmerischem Erfolg. Goffin hält fest, dass sich auf einer verankerten und positiv gelebten Kultur das Verhalten zwischen sämtlichen Beteiligten der Organisation zu einem gegen den Wandel und mögliche negative Einflüsse aus der Umwelt immer resistenter werdenden sozialen Muster entwickelt,[51] und unterstreicht, „[...] dass Kultur ein wichtiger Einflussfaktor und Stellhebel des Managements für das Ergebnis und die Mitarbeiter des Unternehmens ist".[52] Grundsätzlich jedoch, beeinflussen die Führungskräfte die Kultur markant. Goffin schreibt: „Führungskräfte und Führung beeinflussen die Kultur entscheidend durch bewusste und unbewusste Ausstrahlung, Verhalten und Taten".[53]

Die Verantwortung jedoch liegt beim obersten Management, der Unternehmensleitung, die die Signifikanz und folglich den Zusammenhang einer positiven Organisationskultur und dem wirtschaftlichen Erfolg erkennen und sich selbst zuerst hierzu commiten müssen.

Die Ergebnisse der Studien legitimieren die Ansätze des partizipativen und humanistischen Konzepts der OE und zeigen auf, dass innerhalb der Organisationen der Mensch den elementarsten Faktor darstellt.

Um eine Organisation nun ganzheitlich zu entwickeln und den Merkmalen der OE gerecht zu werden, wird bei der Umsetzung in die Praxis auf den theoretischen Ansatz von Kurt Lewin[54] (1890–1947), einem bedeutenden deutschen Sozialpsychologen, der als Begründer der Organisationsentwicklung gilt, zurückgegriffen.[55]

---

[50] *Goffin* (2020), S. 335.
[51] Vgl. *Goffin* (2020), S. 335.
[52] *Goffin* (2020), S. 335.
[53] *Goffin* (2020), S. 335.
[54] Vgl. *Dorsch Lexikon der Psychologie* 2022b (19.09.2022).
[55] Vgl. *Kauffeld/Endrejat/Richter* (2019), S. 81.

3.3 Das 3-Phasenmodell der Verhaltensänderung von Lewin

Nach den 1980er Jahren wurde der humanistische Ansatz, das 3-Phasenmodell der Verhaltensänderung (vgl. Anl. 2) von Lewin, weniger beachtet, da ab diesem Zeitpunkt der Fokus bei der OE stark auf dem betriebswirtschaftlichen Erfolg und folglich auf den Anpassungen und den Entwicklungen der Prozesse und der Systeme lag. Im 21. Jahrhundert jedoch wurde Lewins Ansatz wieder unternehmensrelevant und humanistischen Faktoren wird im Rahmen der OE Signifikanz beigemessen.[56]

Lewins Modell ist in insgesamt drei Phasen eingeteilt, die über ihre jeweiligen Prozessschritte durchlaufen werden: In Phase 1 ‚Unfreeze/Auftauen' wird über eine Problemanalyse die Bereitschaft sämtlicher Beteiligten zur Veränderung geweckt. Im Anschluss wird in Phase 2 ‚Change/Verändern' der Veränderungsprozess geplant, durchgeführt und implementiert. In Phase 3 ‚Refreezing/Stabilisieren' werden die neuen Strukturen sowie Verhaltensweisen stabilisiert und verankert.[57]

3.4 Die Anwendung des 3-Phasenmodells anhand eines Beispiels

In eine zuvor jahrelang stark autoritär geführte Organisation tritt ein neuer CEO ein, der einen partizipativen sowie kooperativen und jeweils situationsgerecht angepassten Führungsstil pflegt. Er stellt fest, dass die Mitarbeitenden durch den jahrelang erfahrenen autoritären Führungsstil gewohnt sind, dass Arbeitsvorgänge kontrolliert und Entscheidungen ohne Teilhabe ihrerseits getroffen werden. Die spürbar fehlende Motivation und die unter den Mitarbeitenden herrschende negative Fehlerkultur führt der CEO u. a. auf eine mangelnde Kommunikation, Intransparenz sowie fehlende Wertschätzung zurück. Des Weiteren, so ist er sich sicher, ist eine deutlich erkennbare, wenn auch untergründig verlaufende Mikropolitik[58] verschiedener Gruppen, bestehend aus mental stärkeren Führungskräften und Mitarbeitenden, fest in sämtlichen Strukturen verankert, durch die die Kultur der Organisation negativ geprägt ist. Zudem trägt das ungesunde Arbeitsklima u. a. zu einem mangelnden Sicherheitsgefühl der Mitarbeitenden und zu hohen Absenzzahlen bei. Der neue CEO beabsichtigt, eine positiv

---

[56] Vgl. *Nerdinger et al.* (2019), S. 182.
[57] Vgl. *Bareiss et al.* (2013b), S. 72, PDF.
[58] *Gabler Wirtschaftslexikon* 2022b (01.10.2022): Mikropolitik ist eine „Sammlung alltäglicher Strategien und Vorgehensweisen, die Führungskräfte und Mitarbeiter in Organisationen einsetzen, um die eigene Macht aufrecht zu erhalten, den eigenen Kontrollspielraum zu erweitern oder sich der Kontrolle durch andere zu entziehen". Sie verläuft untergründig und ist auf Dauer äusserst schädigend für die gesamte Organisation.

geprägte Unternehmenskultur zu etablieren. Um den Kulturwandel in die Praxis umzusetzen, orientiert er sich am 3-Phasenmodell und zieht externe Berater hinzu:

In Phase 1 werden den Führungskräften und den Angestellten die gegenwärtige Situation sowie das angestrebte Ziel dargelegt. Dabei ist darauf zu achten, dass die Belegschaft die Diskrepanz zwischen IST und SOLL unmissverständlich nachvollziehen kann und sie den Bedarf zur Veränderung erkennt. Dies ist deshalb essentiell, da die Angestellten den Weg zur Veränderung mitgestalten sollen, sie zu Beteiligten gemacht werden. Dazu bedarf es ihres Commitments sowie ihrer Motivation. Daraufhin führen die externen Berater eine Analyse der Organisation durch. Die dabei ausgewerteten Daten werden mit dem CEO besprochen und die nötigen Massnahmen festgelegt. Die identifizierten Diskrepanzen, die Bedeutsamkeit der Veränderung, das angestrebte Ziel, die Vorgehensweise, die Rahmenbedingungen sowie die benötigten Mittel werden verbindlich festgehalten.

Im Anschluss erfolgt die Information der Belegschaft. Dies schafft Akzeptanz und soll Betroffenheit herstellen. Mögliche aufkeimende Widerstände von Einzelnen werden ab sofort und über die gesamte Veränderung hin ernst genommen, individuell besprochen und abgebaut.

In Phase 2 werden unter Beteiligung sämtlicher Betroffenen Visionen und Ziele definiert und es wird die Partizipation über alle Hierarchiestufen hinweg ermöglicht. Im Anschluss werden die notwendigen Massnahmen und deren Implementierungsschritte sowie der Zeitrahmen zur Durchführung festgelegt. Die definierten Massnahmen werden daraufhin umgesetzt und integriert. Hierfür werden externe Berater qualifiziert, die die einzelnen Handlungsschritte steuern und den CEO laufend über Resultate und den Stand der Implementierung informieren. Dieser wiederum übermittelt die erhaltenen Informationen jeweils zeitnah der Belegschaft. Transparenz und auch Wertschätzung sind dabei ebenso fundamental wie die Sicherstellung der laufenden Unterstützung und folglich das Commitment der Führungskräfte.

In Phase 3 werden die neuen Strukturen und Verhaltensweisen stabilisiert und verankert. Die gesamte Durchführung inklusive der Resultate wird kritisch reflektiert und im Schlussbericht dokumentiert. Die Ergebnisse des Schlussberichts werden der Belegschaft kommuniziert. Dabei ist es wichtig, dass auch über die erzielten Erfolge informiert, der Belegschaft gratuliert und insbesondere gedankt wird. Die erbrachten

Leistungen sowie die Loyalität sämtlicher Beteiligten in der herausfordernden Zeit werden wertgeschätzt.[59]

---

[59] Vgl. *Kauffeld et al.* (2019), S. 82-84.

Literaturverzeichnis

Bareiss, A., Meister, A. & Merk, J. (2013a), *Gesundheits- und Arbeitspsychologie.*
Studienbrief der SRH Fernhochschule, Riedlingen.

Bareiss, A., Meister, A. & Merk, J. (2013b), *Personal- und Organisationspsychologie.*
Studienbrief der SRH Fernhochschule, Riedlingen.

Dorsch Lexikon der Psychologie (2022a), *Lazarus Richard,*
https://dorsch.hogrefe.com/stichwort/lazarus-richard-
s#search=42e0df5aaf67aeac20cea1b755d97c71&offset=0, abgerufen am 27.09.2022.

Dorsch Lexikon der Psychologie (2022b), *Lewin Kurt,*
https://dorsch.hogrefe.com/stichwort/lewin-kurt, abgerufen am 19.09.2022.

Duden (2022a), *Relational,* https://www.duden.de/rechtschreibung/relational,
abgerufen am 27.09.2022.

Duden (2022b), *Transaktion,* https://www.duden.de/rechtschreibung/Transaktion,
abgerufen am 27.09.2022.

Eberhard, U. & Wülser, M. (2015), *Gesundheitsmanagement in Unternehmen.
Arbeitspsychologische Perspektiven,* 6. Aufl., Wiesbaden: Springer.

Fichter, Ch. (2018), Einführung. In: Fichter, Ch. (Hrsg.), *Wirtschaftspsychologie für
Bachelor,* S. 5, Berlin: Springer.

Fichter, Ch. & Ryf, St. (2018), Angebot. In: Fichter, Ch. (Hrsg.),
Wirtschaftspsychologie für Bachelor, S. 76, Berlin: Springer.

Fichter, Ch., Ryf, St. & Basel, J. (2018), Konsum, Markt, Werbung. In: Fichter, Ch.
(Hrsg.), *Wirtschaftspsychologie für Bachelor,* S. 28, Berlin: Springer.

Gabler Wirtschaftslexikon (2022a), *Beanspruchung und Belastung,*
https://wirtschaftslexikon.gabler.de/definition/beanspruchung-und-belastung-
28048/version-251687, abgerufen am 24.09.2022.

Gabler Wirtschaftslexikon (2022b), *Mikropolitik*,
https://wirtschaftslexikon.gabler.de/definition/mikropolitik-41364, abgerufen am
01.10.2022.

Gabler Wirtschaftslexikon (2022c), *Point of Sale*,
https://wirtschaftslexikon.gabler.de/definition/point-sale-pos-46867, abgerufen am
30.09.2022.

Gesundheit (2022), *Serotonin*, https://www.gesundheit.de/krankheiten/psyche-und-
sucht/depressionen/serotonin, abgerufen am 25.09.2022.

Goffin, H. (2020), *Erfolgsunternehmen – empirisch belegte Wege an die Spitze. Wie
erlangen führende Unternehmen besondere Ergebnisse?* Berlin: Springer.

Kauffeld, S., Ochmann, A. & Hoppe, D. (2019), Arbeit und Gesundheit. In: Kauffeld,
S. (Hrsg.), *Arbeits-, Organisations- und Personalpsychologie für Bachelor,* 3. Aufl., S.
313, Berlin: Springer.

Kauffeld, S., Endrejat, P. C. & Richter, H. (2019), Organisationsentwicklung. In:
Kauffeld, S. (Hrsg.), *Arbeits-, Organisations- und Personalpsychologie für Bachelor,* 3.
Aufl., S. 81–84, Berlin: Springer.

Lajkonik Content (2022), *Commitment und Konsistenz,*
https://www.lajkonik-content.de/verkaufspsychologie/commitment-und-konsistenz/,
abgerufen am 30.09.2022.

Merk, J., Meister, A. & Thunsdorff, C. (2015), *Markt- und Werbepsychologie,* 2. Aufl.,
Studienbrief der SRH Fernhochschule, Riedlingen.

Nerdinger, F.W., Blickle, G. & Schaper, N. (2019), *Arbeits- und
Organisationspsychologie,* 4. Aufl., Berlin: Springer.

Stresszentrum Trier (2022), *Stress im Körper,*
https://stresszentrum-trier.de/was-ist-stress/stress-im-koerper/, abgerufen am
27.09.2022.

Voxco (2022), *Konzeptionelle Forschung,*
https://www.voxco.com/de/blog/konzeptionelle-forschung/, abgerufen am 24.09.2022.

Wiese, B. S. & Stertz, A. M. (2019), *Arbeits- und Organisationspsychologie. Ein Überblick für Psychologiestudierende und -interessierte,* Berlin: Springer.

Zentrum der Gesundheit (2022), *Cortisol,* https://www.zentrum-der-gesundheit.de/krankheiten/psychische-erkrankungen/stress/cortisol, abgerufen am 25.09.2022.

Anlagen

Anlage 1: Das Transaktionale Stressmodell von Lazarus

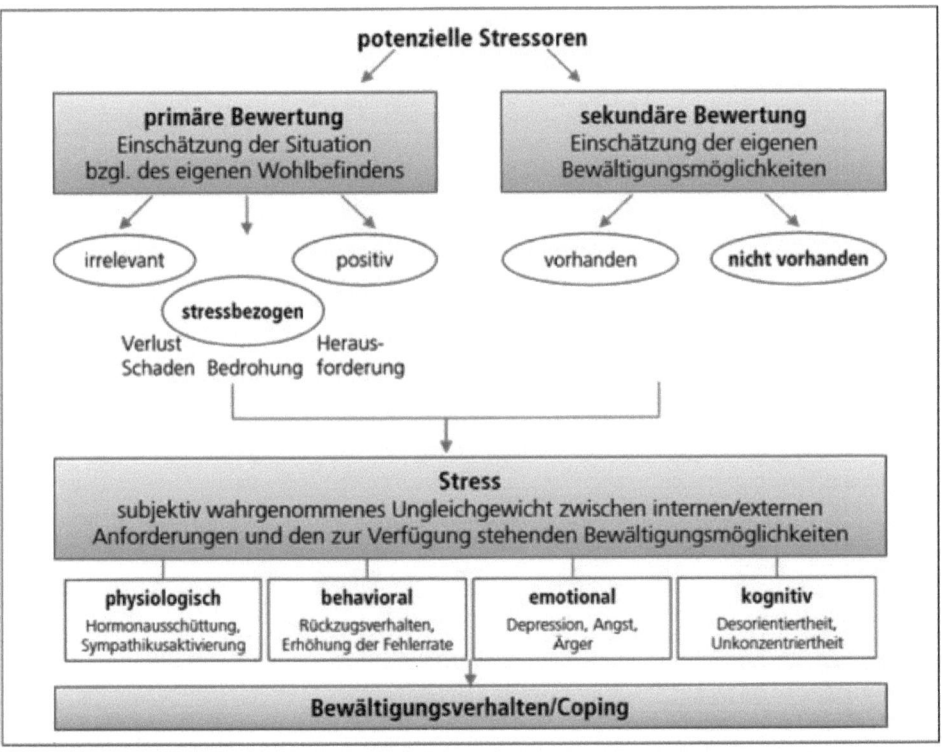

Anlage 1: Das Transaktionale Stressmodell von Lazarus.
(Quelle: *Bareiss/Meister/Merk*, 2013, S. 67)

Anlage 2: Das 3-Phasenmodell der Verhaltensänderung von Lewin

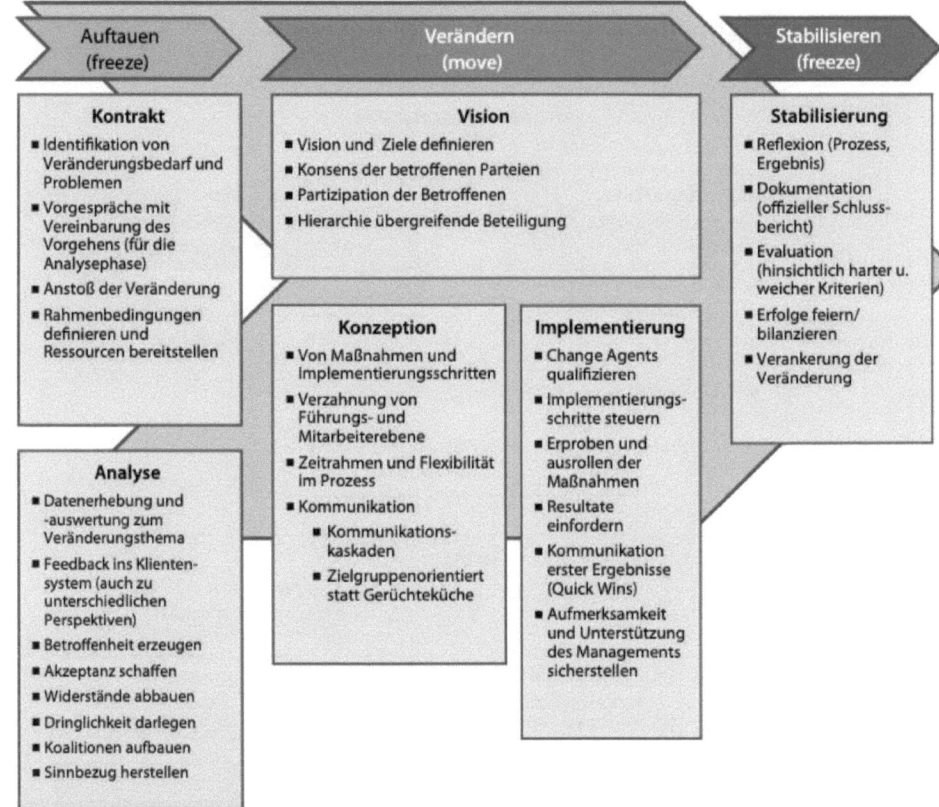

Anlage 2: Das 3-Phasenmodell der Verhaltensänderung von Lewin.
(Quelle: *Kauffeld/Endrejat/Richter*, 2019, S. 83)